어휘력이 커지는

과학 낱말 퍼즐 놀이

글 정명숙 | 그림 김준식

파란정원

작가의 말

과학이 어렵다고 느끼는 학생들에게 강추합니다!

깔깔 마녀가 가장 싫어했던 아이, 뚱뚱보이지만 똑똑한 왕세종을 기억하나요? 《낱말퍼즐놀이》 시리즈를 읽은 친구라면 금방 떠올려질 거예요.

깔깔 마녀와의 대결에서 멋지게 승리했던 꼬마 왕세종이 벌써 3학년이 되었네요. 근데 문제가 생겼어요. 24단계의 낱말 퍼즐을 척척 풀어내던 왕세종도 3학년부터 배우는 과학 앞에서는 쩔쩔매고 있으니까요. 왜 이렇게 과학 교과서에는 어려운 낱말이 많이 나오는 걸까요?

그나마 다행인 것은 귀에 쏙쏙 들어오게 가르쳐 주는 사차원 선생님을 만났다는 거예요. '천연 섬유'라는 단어를 가르쳐 주기 위해 엄마의 양털 코트를 입고 오는 수고를 아끼지 않으니까요. 사차원이라는 이름처럼 엉뚱해서 아이들을 깜짝깜짝 놀라게 하지만요.

그리고 3학년에 와서 새로 만난 친구 장영실! 똑똑한 왕세종과 떼려야 뗄 수 없는 사이가 되었답니다. 과학적 호기심이 많다는 공통점으로요. 아, 만덕이도 있었네요. 징그러운 누에를 덥석덥석 만지는 것도 모자라 벌레를 들고 다니며 남학생들을 놀리는 장난꾸러기 여학생! 하지만 세종이 앞에서는 부끄러움을 많이 탄답니다. 왜 그럴까요?

그리고 왕세종의 영원한 베스트 프랜드 이순신! 입학식 때부터 늘 붙어 다녀 표정만

봐도 어떤 상태인지 알 정도로 친한 사이지요. 왕세종이 해결하기 힘든 일이 있을 때마다 슈퍼맨처럼 짠하고 나타나 한 방에 해결해 주는 멋진 친구랍니다.

왕세종, 이순신, 장영실, 김만덕! 사총사의 꿈이 뭔지 아세요?

왕세종은 최초의 소년 우주인이 되는 것이고, 김만덕은 왕세종이 탈 우주선을 만드는 것, 장영실은 고고학자, 이순신은 축구 선수! 과연 이들의 꿈은 이루어질까요? 특히, 과학적 호기심이 많은 왕세종과 장영실에게 어떤 일이 일어날지 궁금한 사람은 이 책을 끝까지 읽어 보세요. 더불어 사총사가 벌이는 흥미진진한 이야기뿐만 아니라 과학책에 나오는 어려운 낱말을 풀어내는 재미까지 느낄 수 있을 테니까요.

그리고 언제나 조연으로 출연하는 세종이네 가족의 이야기도 재미를 더한답니다. 교육관이 다른 엄마와 아빠가 늘 티격태격하는 모습도 한몫하고요, 늘 세종과 비교 대상이 되어 구박을 당하면서도 동생을 끔찍이 아끼는 형 태종의 이야기도 꿀잼이랍니다.

재미있는 이야기도 읽으면서 과학 상식도 익히고, 이걸 일석이조라고 하지요. 과학이 어렵다고 느끼는 학생들에게 이 책을 강추합니다!

호기심이 짱 많은 정명숙 선생님 씀

차례

1단계	일급 비밀을 어떻게 알았지? · 10
2단계	과자가 아니라 공기를 샀다고? · 14
3단계	허름한 과자 뗏목이 뜰까? · 18
4단계	왜 이런 이벤트를 기획했을까? · 22
5단계	이깟 잡초보다 내가 못하단 말이야! · 26
6단계	독수리는커녕 참새도 안 키운다고! · 30

7단계	베란다로 날아든 천연기념물 황조롱이 · 34
8단계	날치도 나는데, 넌 새라고 새! · 38
9단계	사차원 선생님이 레옹? · 42
10단계	장수풍뎅이는 좋아하면서 애벌레는 왜 싫어? · 46
11단계	실을 토해 집을 짓는 누에 · 50
12단계	내 털 네가 다 가져갔지, 내 털 내놔! · 54

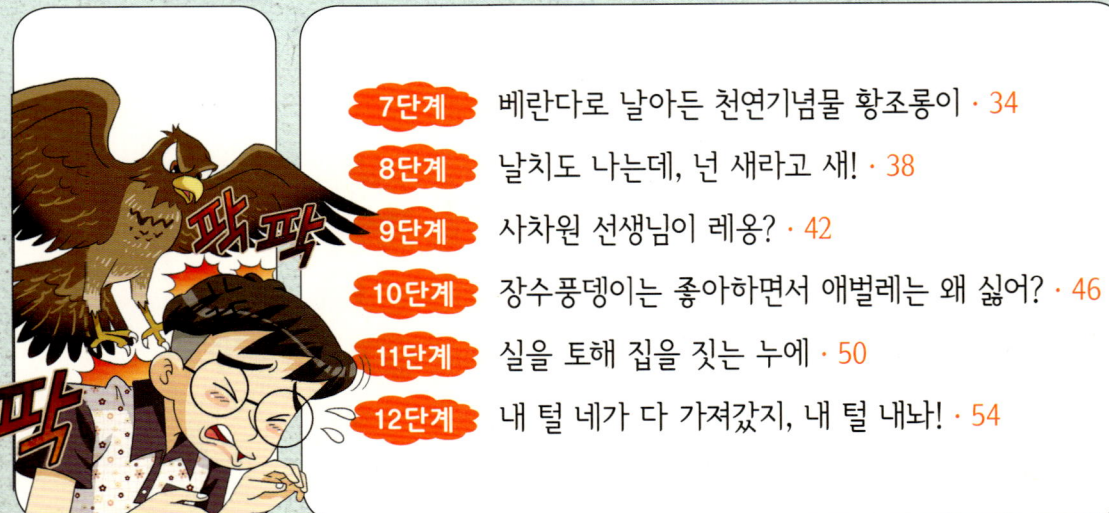

- 13단계　목화는 면, 누에고치는 견, 동물의 털은 모 · 58
- 14단계　우리가 먹은 번데기가 누에라고? · 62
- 15단계　유니폼을 페트병으로 만들었다고? · 66
- 16단계　석유와 석탄으로 만든 명품 원피스 · 70
- 17단계　채석강에 간다면서 왜 바다로 왔지? · 74
- 18단계　애벌레까지 쌈을 싸서 먹었다고? · 78

- 19단계　규화목은 나무일까, 화석일까? · 82
- 20단계　앵무조개를 닮은 암모나이트 화석 · 86
- 21단계　슈퍼맨, 우주인 그리고 우주선 기술자 · 90
- 22단계　우주 실험 오디션에 응모했어! · 94
- 23단계　화성과 금성이 싸우면 누가 이길까? · 98
- 24단계　세계 최초의 소년 우주인이 될 거야! · 102

등장인물

왕세종

별명 : 엄친아 왕세종

낱말 퍼즐 풀기의 최고 달인
지적 호기심이 왕성해 무엇이든지 묻는 버릇이 있음. 책을 좋아하고 아는 게 많아 '걸어 다니는 백과사전'이라 불림. 머리도 좋고 인성도 좋아 선생님과 아이들에게 전폭적인 신뢰를 받음.

왕태종

별명 : 합해서 100점

왕세종의 형
유머 감각이 뛰어나고 재치가 있어 세종이 어려움에 빠졌을 때 구해주는 역할을 함. 늘 세종과 비교를 당하며 구박을 받지만, 동생을 무척 아끼고 사랑함.

엄마

별명 : 우리 집 왕비님

왕세종의 엄마
왕세종을 '잘난 우리 아들'이라 부르며 끔찍이 아낌. 왕세종의 교육을 위해서라면 불구덩이에도 뛰어들 정도로 교육열이 대단함. 식물을 좋아하지만, 동물은 싫어함.

아빠

별명 : 독수리 오형제

왕세종의 아빠
독수리라면 사족을 못 쓰는 독수리의 왕팬. 말싸움으로는 엄마한테 늘 져서 복수 한 번 해보는 게 소원임. 동물을 좋아하지만, 식물은 싫어함.

샤차원 선생님
별명 : 샤차원 왕자병 딸기

지루한 공부를 귀에 쏙쏙 들어오게 재미있게 가르쳐 줌. 엉뚱한 행동으로 아이들을 깜짝깜짝 놀라게 하는 게 취미임. 허당끼가 많지만, 아이들을 사랑하는 마음이 넘침.

이순신
별명 : 태권 소년 물개

왕세종의 베스트 프렌드

태권도도 잘하고 수영도 잘하고 운동이라면 무엇이든지 잘함. 왕세종의 일이라면 발 벗고 나서서 도와줌. 머리는 똑똑하지만, 공부보다는 축구에 더 관심이 많음.

장영실
별명 : 달동네의 인기 스타

과학 분야의 최고 고수

손재주가 좋아 재활용품으로도 멋진 작품을 잘 만들어냄. 가난한 달동네에 살지만 기죽지 않고 씩씩하게 생활함. 과학은 잘하지만 다른 과목에는 관심이 없음.

김만덕
별명 : 소녀 여장부

여학생들에게 어려운 일이 생겼을 때 앞장서서 도와줌. 장영실이 만든 발명품을 대신 팔아줄 정도로 장사 수완이 뛰어남. 사내아이처럼 씩씩해 보이지만 마음은 여림.

오공주
별명 : 울보공주

자그마한 일에도 눈물을 흘려서 울보 공주라는 별명을 얻음. '오공주와 선녀들'이란 모임을 만들어 착한 일에 앞장섬.

❷ 위쪽에 고무 주머니가 달린 유리관. 〈액체를 옮길 때 ○○○○를 사용하면 편리해요.〉 영spuit

❹ 시험관이 쓰러지지 않도록 고정해 주는 틀. 〈오늘 사용했던 시험관을 모두 ○○○○에 꽂아 정리해 주세요.〉 한試驗管臺/시험 시, 시험 험, 대롱 관, 대 대

❶ 목이 길고 몸은 둥글게 만든 실험용 유리 기구. 〈삼각○○○○ 겉면에는 눈금이 표시되어 있어 부피를 측정할 수 있어요.〉 영flask

❸ 위험이 생기거나 사고가 날 염려가 없음. 〈차가 출발하기 전에는 ○○벨트를 매었는지 꼭 확인해야 해요.〉 비평안 반불안 한安全/편안 안, 온전할 전 영safety

❺ 실제로 해 봄. 〈에디슨은 덜컹거리는 기차 안에서 ○○을 하다가 그만 불을 내고 말았어요.〉 비시험 한實驗/행할 실, 시험 험 영experiment

❻ 쇠를 끌어당기는 힘을 가진 물체. 〈바늘을 잃어버렸을 때는 ○○을 이용해서 찾아요.〉 비지남석 한磁石/자석 자, 돌 석 영magnet

❼ 지켜야 하는 규칙. 〈과학실에서 실험할 때는 반드시 안전 ○○을 지켜야 해요.〉 한守則/지킬 수, 법칙 칙 영rule

❽ 작은 것을 크게 보이도록 하는 손잡이가 달린 볼록 렌즈. 〈○○○로 개미를 보니 커다랗게 확대되어 대왕 개미가 되었다.〉 비확대경 영magnifying glass

낱말퍼즐놀이

'시험관대'는 바닥이 둥근 시험관을 꽂아 정리가 쉽고, 서로 비교하기도 좋아요.

> 시소에 앉아 수평을 맞추려면 어떻게 할까?

> 무거운 사람은 앞자리에 가벼운 사람은 뒷자리에 앉으면 돼.

가로열쇠

❶ 늘어나거나 줄어드는 탄력이 있는 나선형의 쇠줄. 〈○○○의 길이는 그것을 잡아당기는 힘의 크기에 비례하여 늘어나요.〉 영 spring

❸ 균형을 맞추어 물체들을 공중에 매달아 바람에 흔들리게 한 것. 〈엄마는 아기가 볼 수 있도록 천장에 ○○을 매달아 놓았어요.〉 비 흔들개비 영 mobile

❺ 벌레를 통틀어 일컫는 말. 〈○○의 다리는 여섯 개, 몸은 세 부분으로 나뉘어 있어요.〉 비 벌레 한 昆蟲/벌레 곤, 벌레 충 영 insect

❼ 맛, 냄새, 빛깔이 없으며 생물이 숨 쉬는 데 필요한 기체 원소. 〈사람은 들숨으로 ○○를 들이마시고, 날숨으로 이산화탄소를 내뱉어요.〉 영 oxygen

❽ 액체를 뿜어내는 기구. 〈물은 매일 주지 말고 2~3일에 한 번씩 ○○○로 뿌려 주는 것이 좋아요.〉 비 뿜이개 한 噴霧器/뿜을 분, 안개 무, 그릇 기 영 spray

세로열쇠

❷ 어느 한쪽으로 기울지 않고 평평한 상태. 〈몸무게가 다른 사람이 시소에 앉아 ○○을 잡으려면 어떻게 해야 할까요?〉 비 평형 반 수직 한 水平/평평할 수, 평평할 평 영 horizontal

❹ 닭이나 날짐승의 먹이. 〈병아리들은 어미 닭을 따라 ○○를 쪼아 먹어요.〉 비 사료 영 feed

❻ 물체에 급격히 가하여지는 힘. 〈특수 고무는 발이 받는 ○○을 줄여 줄 뿐 아니라 미끄러짐을 막아 줘요.〉 비 타격 한 衝擊/찌를 충, 칠 격 영 shock

낱말퍼즐놀이

'모빌'을 만들며 수평 잡기를 할 때는 물체의 무게와 거리를 생각해요.

가로열쇠

❷ 간단하고 편리함. 〈폐쇄 위기에 놓였던 ○○역을 관광지로 바꾼 고양이 역장 '다마'를 아시나요?〉 비 간단 한 簡易/간략할 간, 쉬울 이 영 simplicity

❸ 장치나 설비 따위를 갖추어 차림. 〈최첨단 ○○인 열화상 카메라로 고열 환자를 찾아낼 수 있어요.〉 한 裝備/꾸밀 장, 갖출 비 영 equipment

❺ 물고기 배 속에 있는 공기주머니로 물고기를 뜨고 잠기게 함. 〈부레옥잠의 잎자루에는 물고기의 ○○와 같은 공기주머니가 있어요.〉 비 부낭 영 air bladder

❻ 동력을 사용하여 사람이나 화물을 아래위로 나르는 장치. 〈아파트 ○○○가 고장이 나서 9층까지 걸어 올라갔어요.〉 비 엘리베이터 한 昇降機/오를 승, 내릴 강, 기계 기 영 elevator

❽ 고무나무의 껍질에서 흘러나오는 액체로 만든 물질. 〈얇은 ○○ 주머니 속에 공기를 넣어 공중으로 뜨게 만든 물건이 풍선이야.〉 비 인도고 영 rubber

세로열쇠

❶ 비어 있어 아무것도 없는 곳. 〈얼음과자가 녹았을 때 용기 속에 빈 ○○이 생긴 까닭은 무엇일까요?〉 비 공백 한 空間/빌 공, 사이 간 영 space

❹ 비닐수지나 비닐섬유를 이용하여 만든 제품. 〈겨울에는 ○○하우스에서 채소를 재배해요.〉 영 vinyl

❼ 일정한 모양과 부피가 없는 물질. 〈컵은 고체, 물은 액체, 공기는 ○○예요.〉 비 김 영 gas

액체와 기체는 담는 그릇에 따라 모양이 변해.

하지만 고체는 모양이 변하지 않지.

낱말퍼즐놀이

'돛단배'는 돛을 단 배를 말해요.
돛배, 범선이라고 부르기도 하지요.

가로열쇠

1. 대기 중에서 일어나는 여러 가지 현상. 〈날씨가 돌변하여 옛날에 없었던 일이 일어나는 상태를 ○○이변이라고 해요.〉 비 일기 영 weather
3. 물 위나 물속, 공기 중에 떠다니는 물질. 〈인공으로 만든 학교 연못은 ○○○이 많아 탁해 보였어요.〉 한 浮遊物/뜰 부, 떠돌 유, 물건 물 영 floaters
5. 손이나 채로 두드려서 소리 내는 악기를 통틀어 이르는 말. 〈'꽹과리, 장구, 북, 징'은 사물놀이에 주로 쓰이는 대표적인 ○○○예요.〉 한 打樂器/칠 타, 노래 악, 그릇 기 영 percussion
7. 강의 위쪽 부분. 〈강의 ○○에는 커다란 바위나 모난 돌이 많이 보여요.〉 반 하류 한 上流/윗 상, 흐를 류 영 upper
8. 강의 아래쪽 부분. 〈강의 ○○에는 고운 흙이나 모래가 많이 있어요.〉 한 下流/아래 하, 흐를 류 영 downstream

세로열쇠

2. 영국의 기네스라는 맥주 회사에서 매년 발행하는, 세계 최고 기록만을 모은 책. 〈8시간 안에 28,233명과 악수를 한 강호동은 연예인 최초로 ○○○○에 올랐어요.〉 영 Guinness Book
4. 물이나 공기의 저항을 가장 적게 하려고 곡선으로 만든 꼴. 〈물고기 대부분은 몸이 ○○○이고 비늘로 덮여 있어요.〉 비 기류형 한 流線型/흐를 유, 줄 선, 모형 형
6. 관에 입으로 공기를 불어 넣어서 소리 내는 악기를 통틀어 이르는 말. 〈트럼펫과 같이 쇠붙이로 만든 ○○○를 금관악기라고 해요.〉 비 취악기 한 管樂器/대롱 관, 노래 악, 도구 기 영 aerophone

낱말퍼즐놀이

'기네스북'에 등재된 세계 기록은 다른 사람의 도전으로 계속해서 새로운 기록으로 바뀌고 있어요.

 가로열쇠

❶ 핫도그 모양의 열매를 맺는 수생식물. 〈잎이 부들부들하다고 하여 ○○이라는 이름이 붙여졌대요.〉 비 향포 영 cattail

❸ 여러 가지 나무와 풀을 모아 기르는 곳. 〈천리포 ○○○은 아시아에서 최초로 세계의 아름다운 수목원으로 선정되었어요.〉 한 樹木園/나무 수, 나무 목, 동산 원 영 arboretum

❺ 잎의 끝부분이 긴 물병 모양의 주머니로 되어 있는 식충식물. 〈○○○○○○은 벌레가 주머니에 빠지면 소화하여 양분을 보충해요.〉 비 벌레잡이풀, 네펜테스 영 nepenthes

❼ 습기가 많은 축축한 땅. 〈벌레잡이 식물은 대표적인 ○○식물이에요.〉 비 늪 한 濕地/젖을 습, 땅 지 영 wetland

  세로열쇠

❷ 잎자루 가운데가 공처럼 부풀어 물고기의 부레처럼 물에 뜨는 식물. 〈○○○○의 잎자루에는 공기주머니가 있어 물에 떠서 살 수 있어요.〉 영 water hyacinth

❹ 뿌리는 물속에 있고 잎과 꽃은 물 위에 나와 있는 수생 식물. 〈○○은 밤이 되면 꽃을 오므리기에 잠자는 연꽃이라고 불러요.〉 한 睡蓮/잘 수, 연밥 련 영 water lily

❻ 소나무 줄기에 솔잎이 난 모양처럼 생긴 이끼. 〈○○○와 우산이끼는 그늘지고 습한 곳에서 살아요.〉 영 hair moss

❽ 파리를 잡아먹는 식충식물. 〈○○○○은 잎 주변의 가시를 이용하여 벌레를 잡아먹어요.〉 비 파리지옥풀 영 Venus flytrap

파리지옥은 냄새로 곤충을 유인해서 잎 안에 가둔대.

맞아. 7일 정도 지나고 곤충이 소화되면 그때야 잎을 열지.

낱말퍼즐놀이

'파리지옥'에는 자극털이 있어서 유인된 곤충이 이 자극털을 건드리면 얼른 잎을 닫아요.

💬 천연기념물은 특색 있는 우리나라의 풍경·지질·동물 등 모든 것에 지정된대.

💬 하지만 동물과 식물은 죽거나 이동하면 천연기념물에서 해제되지.

가로열쇠

❶ 쥐와 비슷하게 생겼으나 앞다리가 날개처럼 변형되어 날아다니는 동물. 〈밤에만 활동하는 쥐라는 뜻의 밤쥐가 변해서 ○○가 되었대요.〉 비 집박쥐 영 bat

❸ 갈색의 몸에 흰 꼬리를 가진 독수리. 천연기념물 제243호. 〈○○○○○는 한국에서 겨울을 지내다가 봄에 날아가는 겨울 철새예요.〉 영 white-tailed sea eagle

❺ 동물의 알 속에서 새끼가 껍데기를 깨고 밖으로 나옴. 〈여러분은 에디슨처럼 달걀을 ○○시키기 위해 직접 품어본 적 있나요?〉 비 알까기 한 孵化/알 깔 부, 될 화 영 incubation

❼ 일 년 내내 한곳에 머무르는 새. 〈참새, 까치, 박새는 주위에서 쉽게 볼 수 있는 ○○예요.〉 비 유조 반 철새

세로열쇠

❷ 목에서 배 가운데까지 넥타이 모양의 굵은 검은색 세로띠가 있는 텃새. 〈얼굴의 뺨 부분이 하얀 것이 인상적인 ○○는 해충을 잡아먹는 텃새예요.〉 비 백협조 영 great tit

❹ 생물이 태어나서 죽을 때까지의 기간. 〈식물은 동물보다 ○○이 긴 경우가 많아요.〉 비 생명 한 壽命/목숨 수, 목숨 명 영 lifespan

❻ 매실나무의 꽃. 〈○○도 한철 국화도 한철.〉 비 매실나무 한 梅花/매화 매, 꽃 화

❽ 계절에 따라 사는 곳을 옮기는 새. 〈○○가 이동하는 까닭은 더위나 추위를 피해 먹이를 구하고 새끼도 치기 위해서예요.〉 비 후조 반 텃새

낱말퍼즐놀이

'흰꼬리수리' 새끼는 흰색 꼬리로 나이를 알 수 있어요. 또, 어미 새와는 쐐기 모양(V자)의 꼬리로 구별해요.

황조롱이, 그런 새도 있었어요? 이름이 참 웃기네요.

엄마, 황조롱이는요, 천연기념물 323호로 지정된 우리나라 토종 텃새예요.

하늘다람쥐, 장수하늘소, 금개구리, 꼬치동자개, 수달, 표범장지뱀과 함께 멸종 위기 야생동물로 지정되어 보호하고 있는 귀한 새라고요.

넌 어떻게 그렇게 잘 아냐?

과학 시간에 배웠어. 난 배운 건 다 기억해.

배우기 전에 예습하고, 배우고 나서 복습하면, 교과서가 다 내 머릿속으로 들어와.

동생이 왜 맨날 100점 맞아오는지 알겠지?

너처럼 실컷 놀다가 벼락치기 하는 급이랑은 달라도 한참 다르다는 걸 명심해!

우왝~.

이놈이 또 어디서 왜가리처럼 왝왝거려?

엄만 맨날 세종이랑 비교해. 세상에서 제일 나쁜 게 비교라고, 비교!

아야야

얼마나 살 곳이 없었으면 이 아파트단지까지 날아들었겠니? 지구 온난화와 환경오염으로 인해 동물의 서식지가 자꾸 줄어들어 걱정이구나.

가로열쇠

1. 동식물이 보금자리를 만들어 사는 장소. 〈대나무 숲은 판다의 ○○○예요.〉 한 棲息地/깃들일 서, 쉴 식, 땅 지 영 habitat
3. 등 쪽에 금빛 줄무늬가 있는 개구리. 멸종 위기 야생동물 2급. 〈○○○○는 암수 모두 울음주머니가 없는 것이 특징이에요.〉 비 금선와, 금줄 개구리 영 Korean Golden Frog
5. 지구의 기온이 높아지는 현상. 〈지구 ○○○로 인해 봄과 가을이 짧아지는 기상 현상이 나타나고 있어요.〉 한 溫暖化/따뜻한 온, 따뜻할 난, 될 화 영 global warming
8. 수영을 잘하며 네 발에 물갈퀴가 있어 헤엄을 잘 침. 천연기념물 제330호. 〈○○은 강과 같은 민물에서, 해달은 바다와 같은 바닷물에서 살아요.〉 비 수구 영 otter

세로열쇠

2. 사람이 살고 있는 땅덩어리. 〈수성, 금성, ○○, 화성, 목성, 토성은 태양 주위를 도는 주요 행성이에요.〉 비 땅덩이 한 地球/땅 지, 공 구 영 earth
4. 머리에서 목덜미까지 검은 줄이 있으며 몸의 길이가 1m에 이를 정도로 큰 새. 〈어미를 잃은 모양인지 새끼 ○○○가 왝왝 울어대었어요.〉 영 gray heron
6. 본디 그 지역에서 나는 동물이나 식물의 종자. 〈삽살개는 오래전부터 우리나라에서 널리 길러오던 ○○개야.〉 비 재래종 반 개량종 영 native
7. 몸길이가 30cm가량의 맷과의 텃새. 천연기념물 제323호. 〈○○○○는 들쥐, 두더지, 파충류, 작은 조류 등을 잡아먹고 살아요.〉 영 whale

왜 멸종 위기 동물들이 늘어날까?

환경오염과 먹이 부족으로 동물들이 점점 더 살기 힘들어지고 있어.

낱말퍼즐놀이

'금개구리'는 암수 모두 울음 주머니가 없어서 크게 울지 못해요.

도감은 꼬맹이들이나 보는 거 아니야?

아니, 도감은 그림과 사진이 있어서 글로 된 설명보다 쉽게 이해할 수 있어.

 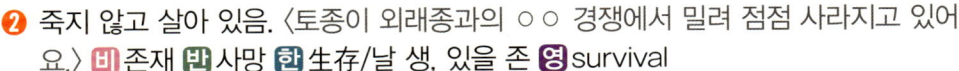

가로열쇠

❷ 죽지 않고 살아 있음. 〈토종이 외래종과의 ○○ 경쟁에서 밀려 점점 사라지고 있어요.〉 비 존재 반 사망 한 生存/날 생, 있을 존 영 survival

❺ 배우가 극본에 의하여 어떤 사건이나 인물을 말과 행동으로 관객에게 보여주는 예술. 〈우리 반은 학예발표회에서 ○○을 공연하기로 했어요.〉 비 연희 영 theater

❻ 동물의 그림이나 사진을 모아 실물 대신 볼 수 있도록 엮은 책. 〈동물에 대해 알고 싶을 때는 ○○○○, 식물은 식물도감을 찾아보세요.〉 비 동물지 영 illustrated animal book

세로열쇠

❶ 산이나 들에서 저절로 나서 자라는 동식물. 〈수달은 '멸종 위기 ○○동물 1급'으로 지정하여 보호하고 있어요.〉 한 野生/들 야, 살 생 영 wild

❸ 나무에서 나무로 날아다니며 사는 다람쥐. 천연기념물 제328호. 〈○○○○○는 앞발과 뒷발 사이에 피부가 늘어져서 된 껍질막이 있어 하늘을 날 수 있어요.〉 영 flying squirrel

❹ 사람의 힘을 가하지 않은 상태. 〈물은 인간에게 가장 소중한 ○○자원이에요.〉 비 자연 반 인조 한 天然/하늘 천, 그러할 연 영 natural

❼ 이미 아는 사실을 근거로 아직 모르는 사실을 미루어 알아냄. 〈국립과학수사연구원에서는 여러 가지 증거를 찾아내어 과학적으로 ○○하는 일을 해요.〉 비 추측 한 推理/밀 추, 다스릴 리 영 reasoning

❽ 가슴지느러미가 새의 날개처럼 발달한 물고기. 〈적이 쫓아오면 ○○는 가슴지느러미를 펴고 물 위로 솟아 공중을 날아 도망쳐요.〉 비 비어 영 flying fish

낱말퍼즐놀이

'날치'는 멀리 날기 위해 소화가 잘되는 동물성 플랑크톤이나 작은 갑각류를 먹어요.

 **가로열쇠**

❷ 무궁화 나무의 꽃. 우리나라의 국화. 〈○○○ 꽃이 피었습니다.〉 비 근화 한 無窮花/ 없을 무, 다할 궁, 꽃 화 영 rose of Sharon

❺ 몸치장에 쓰이는 귀하고 값진 돌. 〈다이아몬드, 루비, 사파이어를 ○○이라고 해요.〉 비 보옥 한 寶石/보배 보, 돌 석 영 jewel

❼ 벚꽃이 피는 나무. 〈버찌는 ○○○의 열매예요.〉 비 산앵 영 cherry tree

뽕나무가 뽕하고 방귀를 뀌니~. 대나무가 에끼 놈 야단을 쳤네.

야, 진짜 방귀를 뀌면 어떡해!

 **세로열쇠**

❶ 잎이나 가지를 꺾으면 생강 냄새가 나는 나무. 〈○○○○는 이른 봄에 산수유꽃을 닮은 노란 꽃을 피워요.〉 비 새앙나무 영 ginger plant

❸ 가을을 상징하는 대표적인 꽃. 〈매화는 봄, 난초는 여름, ○○는 가을, 대나무는 겨울을 상징하는 식물이에요.〉 비 감국 한 菊花/국화 국, 꽃 화 영 chrysanthemum

❹ 줄기가 곧고 마디가 있으며 속이 빈 나무. 〈대금은 ○○○로 만든 우리나라 전통 악기예요.〉 영 bamboo

❻ 눈을 보호하기 위하여 쓰는 안경. 〈과학 실험을 할 때는 꼭 ○○○을 써야 해요.〉 한 保眼鏡/지킬 보, 눈 안, 거울 경 영 safety glasses

❽ 쥐똥처럼 생긴 까만 열매가 열리는 나무. 〈○○○○의 열매가 흑진주를 닮았다 하여 검정알나무라고도 불려요.〉 영 privet

낱말퍼즐놀이

'보안경'은 이물을 차단하고, 유해광선에 의한 시력장해를 방지해요.

공벌레는 지렁이처럼 흙 속에 공기와 영양분이 잘 통하게 돕는대.

해충인 줄 알았는데, 다시 봐야겠네.

① 몸이 여러 개의 마디로 되어 있는 작은 벌레. 〈위험을 느끼면 몸을 공처럼 둥글게 마는 ○○○는 콩벌레라고도 불러요.〉 영 pill bug

② 수컷의 아래턱이 크게 발달하여 사슴의 뿔처럼 보이는 벌레. 〈장수풍뎅이와 ○○○○가 싸우면 누가 이길까요?〉 비 하늘 가재 영 stag beetle

④ 물 따위가 속까지 훤히 비치도록 맑음. 〈유리창은 ○○해서 바깥 풍경이 다 보여요.〉 반 불투명 한 透明/투명할 투, 밝을 명 영 transparent

⑥ 보통의 하늘소보다 배 이상 큰 하늘소. 천연기념물 제218호. 〈딱정벌레류 중 가장 몸집이 큰 ○○○○○는 산림을 해치는 곤충이에요.〉 영 Callipogon relictus

⑧ 젤리와 같이 말랑말랑하고 부드러운 상태의 물질. 〈개구리 알은 투명한 ○○○에 싸여 있어요.〉

③ 알에서 깨어나 번데기가 되기까지의 벌레. 〈모기 ○○○를 장구벌레라고 해요.〉 비 유충 반 성충 영 larva

⑤ 가슴 안 양쪽에 있는 호흡 기관. 〈○○에 바람이 들었나, 왜 그렇게 실실 웃어?〉 비 폐 영 lung

⑦ 몸집이 매우 굵고 뚱뚱한 풍뎅이. 수컷의 머리에 긴 뿔이 나 있음. 〈○○○○○는 힘이 매우 강해서 자신의 몸무게보다 50배가 넘는 물건도 들 수 있대요.〉 비 투구 풍뎅이, 투구벌레 영 rhinoceros beetle

낱말퍼즐놀이

'장수풍뎅이'는 참나무에서 발견하기 쉽고, 수컷의 머리에는 긴 뿔이 나 있어요.

가로열쇠

❶ 생물이 서로 영향을 주고받으며 살아가는 것. 〈과학자들은 지구 온난화로 인해 자연 ○○○뿐 아니라 인간 사회도 파괴될 것이라고 경고했어요.〉 영ecosystem

❸ 파충류, 곤충류 따위가 자라면서 벗는 껍질. 〈배추흰나비 애벌레는 네 번 ○○을 벗으며 3cm 정도 자랍니다.〉 비껍데기 영skin

❼ 다 자란 곤충. 〈애벌레는 유충, 어른벌레는 ○○이라고 해요.〉 비어미벌레 반유충 한成蟲/성숙할 성, 벌레 충 영imago

세로열쇠

❷ 생명이 있는 모든 동물과 식물. 〈호랑이와 소나무는 ○○이고, 돌과 흙은 무생물이에요.〉 비생명체 반무생물 한生物/살 생, 물건 물 영creature

❹ 곤충이 세상에 태어나서 죽을 때까지의 동안. 〈배추흰나비의 ○○○는 '알→애벌레→번데기→성충'의 단계를 거쳐요.〉 비일생 영lifetime

❺ 애벌레가 완전한 곤충으로 자라기 전에 고치에 들어가 있는 것. 〈○○○ 앞에서 주름잡지 마라.〉 영pupa

❻ 누에가 실을 토하여 제 몸을 싸서 만든 둥근 집. 〈○○○○에서 뽑은 실이 명주실이에요.〉 비잠견 영cocoon

❽ 인간의 생활에 해를 끼치는 벌레를 통틀어 이르는 말. 〈참실잠자리는 파리와 모기 같은 ○○을 잡아먹는 익충이에요.〉 비유해곤충 반익충 한害蟲/해로울 해, 벌레 충 영injurious insect

낱말퍼즐놀이

'누에고치'는 누에가 60시간에 걸쳐 완성하고, 이 고치에서 나오는 명주실이 약 1,500m나 된대요.

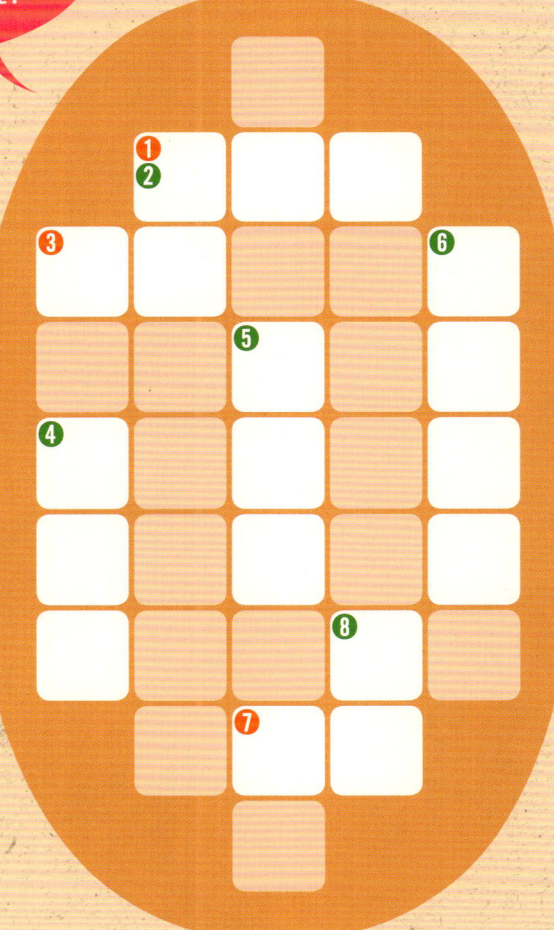

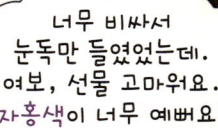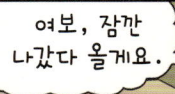

❶ 새의 깃에 붙어 있는 털. 〈황새는 부리를 ○○ 사이에 파묻고 서서 잠을 자요.〉 비 깃 영 feather

❸ 세 가지 기본적인 색깔. 〈빨강, 파랑, 노랑을 색의 ○○○이라고 해요.〉 비 삼색 한 三原色/석 삼, 근원 원, 빛 색 영 three primary colors

❻ 낱낱이 검사함. 〈매월 4일은 안전 ○○의 날입니다.〉 비 검열 한 點檢/조사할 점, 검사할 검 영 check

❽ 짐승을 먹여 기름. 〈좁은 공간에서도 ○○이 가능한 애완용 곤충이 아이들에게 인기예요.〉 한 飼育/기를 사, 기를 육 영 breeding

❷ 곱고 보드라운 털. 〈○○이 보송보송한 노란 병아리들이 엄마 닭을 졸졸 따라다녀요.〉 비 솜 터럭 영 down

❹ 자줏빛이 나는 붉은색. 〈○○○ 꽃을 피우는 박태기나무는 밥풀을 닮아서 붙여진 이름이에요.〉 비 자홍 한 紫紅色/자줏빛 자, 붉을 홍, 빛 색 영 magenta

❺ 빛이 한 곳에 모이는 점. 〈쌍안경을 들어 올린 다음에 사물이 선명하게 보이도록 ○○을 맞춥니다.〉 비 중점 한 焦點/그을릴 초, 점 점 영 focus

❼ 사실을 적은 글. 〈어린이 신문에 내가 쓴 ○○가 실렸어요.〉 한 記事/기록할 기, 일 사 영 earticle

낱말퍼즐놀이

'깃털'은 몸을 따뜻하게 하고 외상을 막는 역할을 해요.

가로열쇠

❶ 사람의 힘을 더하지 않고 저절로 된 것. 〈태풍, 홍수, 지진 등의 ○○재해는 사람들의 생명과 안전을 위협해요.〉 비 천연 반 인공 영 nature

❸ 동물의 털에서 얻는 섬유. 〈○○○는 주로 양, 토끼, 알파카의 털에서 얻어요.〉 한 毛纖維/터럭 모, 가늘 섬, 벼리 유 영 wool fiber

❺ 물체를 만드는 재료. 〈가죽, 나무, 플라스틱, 금속, 고무, 섬유 등을 ○○이라고 해요.〉 한 物質/물건 물, 바탕 질 영 matter

❽ 땅속 마그마가 땅 밖으로 터져 나와 이루어진 산. 〈남쪽의 한라산과 북쪽의 백두산은 ○○ 폭발로 만들어진 산이에요.〉 한 火山/불 화, 산 산 영 volcano

세로열쇠

❷ 제힘으로 스스로 움직임. 〈단추만 누르면 세탁에서 건조까지 ○○으로 해 주는 편리한 세탁기.〉 반 수동 한 自動/스스로 자, 움직일 동 영 auto

❹ 누에고치에서 뽑은 섬유. 〈천연섬유 중에서 가장 가늘고 길며 광택이 나는 섬유는 ○○○예요.〉 한 絹纖維/비단 견, 가늘 섬, 벼리 유 영 silk fiber

❻ 모양이 있고 공간을 차지하고 있는 것. 〈우리 주위에 있는 옷, 신발, 필통, 연필 등을 ○○라고 해요.〉 비 물건 한 物體/물건 물, 몸 체 영 object

❼ 열매에서 솜을 얻는 풀 이름. 〈'꽃은 ○○가 제일이다.'는 속담도 있어요.〉 비 면화 한 木花/나무 목, 꽃 화 영 cotton

낱말퍼즐놀이

'목화'는 문익점이 원나라에서 목화씨를 붓통에 넣어 가지고 와 재배를 시작했어요.

말풍선: 도롱뇽과 도마뱀을 어떻게 구분할까?
말풍선: 도롱뇽은 눈이 튀어나오고 축축한 피부에 비늘이 없어. 그리고 물속에서 살지.

가로열쇠

❶ 맑은 개울에 사는 도마뱀과 비슷하게 생긴 양서류. 〈개구리 알은 동그랗지만, ○○○알은 똬리를 튼 뱀 같아요.〉 비 산초어 영 salamander

❸ 움직이는 영상. 〈학원보다 EBS ○○○ 강의를 들으며 공부하는 게 더 재밌어요.〉 비 동화상 한 動映像/움직일 동, 비칠 영, 모양 상 영 video

❹ 물에 사는 곤충 가운데 가장 크고 힘이 센 곤충. 〈○○○은 앞다리에 있는 낫 모양의 큰 발톱으로 물속의 동물을 잡아먹어요.〉 영 giant water bug

❻ 땅속에 살며 앞다리로 땅을 잘 파는 곤충. 〈○○○○는 강아지가 아니고 곤충이에요.〉 영 mole cricket

세로열쇠

❷ 구리와 주석을 주성분으로 한 합금. 〈석기시대와 철기시대의 중간 시대를 ○○기 시대라고 해요.〉 비 갈동 한 靑銅/푸를 청, 구리 동 영 bronze

❺ 몸은 납작하고 몸길이는 2cm쯤 되는 물에 사는 곤충. 〈○○○의 암컷은 수컷의 등에 알을 낳아요.〉 비 알지게 영 Muljarus japonicus

❼ 물고기의 등과 배 양쪽과 꼬리에 달린 날개 같은 부분. 〈물고기는 ○○○○를 움직여서 헤엄을 쳐요.〉 영 fin

❽ 동식물에 들어 있는 보통 온도에서 고체 상태인 기름기. 〈우유에서 ○○을 분리하여 만든 것이 생크림과 버터예요.〉 비 기름 한 脂肪/기름 지, 살찔 방 영 fat

낱말퍼즐놀이

'도롱뇽'은 물고기가 알을 먹지 못하게 물고기가 적은 웅덩이에 알을 낳아요.

가로열쇠

❶ 외부의 물질을 안으로 빨아들임. 〈식물 대부분은 뿌리로 물과 양분을 ○○해요.〉 비 흡입 반 배출 한 吸收/마실 흡, 거둘 수 영 absorption

❺ 휴대하기 간편한 크기로 만든 작은 확대경. 〈맨눈으로 보기 어려운 아주 작은 동물을 관찰할 때는 돋보기나 ○○를 사용하면 편리해요.〉 영 loupe

❼ 석유, 석탄, 천연가스를 원료로 하여 합성한 섬유. 〈나일론, 폴리에스터, 아크릴은 ○○○○예요.〉 비 인조섬유 반 천연섬유 한 合成纖維/합할 합, 이룰 성, 가늘 섬, 벼리 유 영 synthetic fiber

세로열쇠

❷ 특별히 다른. 〈비밀번호에 '#, $, *'와 같은 ○○ 문자를 넣도록 한 이유를 아시나요?〉 비 특이 반 보통 한 特殊/특별할 특, 다를 수 영 special

❸ 개구리보다 몸집이 뚱뚱하고 머리는 짧으며 물갈퀴가 없음. 〈○○○는 비가 오는 날이면 맹꽁맹꽁 요란하게 울어요.〉 영 narrow-mouthed toad

❹ 스포츠 경기의 세계 선수권 대회. 〈우리나라 축구 국가 대표팀은 2002년 한일 ○○○에서 좋은 성적을 거두었어요.〉 영 World Cup

❻ 음료를 담는 일회용 병. 〈○○○이 썩는데 걸리는 시간은 500년 이상이에요.〉 영 PET bottle

❽ 옛날에 살았던 동물이 땅속에 묻혀 기름으로 변한 것. 〈사우디아라비아는 세계 1위의 ○○ 생산국이에요.〉 비 등유 한 石油/돌 석, 기름 유 영 oil

낱말퍼즐놀이

'페트병'은 가볍고 깨지지 않아 안전해 식품 용기로 많이 쓰여요.

북극과 남극이 어떻게 다른지 알아?

남극은 거대한 대륙에 눈이 쌓인 것이고, 북극은 넓은 바다에 거대한 얼음덩어리가 떠 있는 거야.

가로열쇠

❶ 공중으로 날아 흩어지기 쉬운 기름. 〈자동차를 움직이기 위해서는 액체인 ○○○나 경유가 필요해요.〉 비 가솔린 영 gasoline

❸ 아크릴로니트릴을 주성분으로 하는 합성섬유. 〈○○○섬유는 나일론, 폴리에스테르, 비닐론과 함께 대표적인 합성섬유예요.〉 비 아크릴섬유 영 acrylic

❹ 바닷물이 갑자기 크게 일어나 육지로 넘쳐 들어오는 것. 〈'쓰나미'는 ○○의 일본어예요.〉 비 양일 한 海溢/바다 해, 넘칠 일 영 tidal wave

❻ 지구의 남쪽 끝. 〈새카만 턱시도를 차려입고 뒤뚱뒤뚱 걸어 다니는 펭귄은 ○○의 신사예요.〉 한 南極/남녘 남, 다다를 극 영 south pole

❽ 석탄이나 석유를 원료로 해서 만든 합성섬유. 〈○○○○○는 곤충과 미생물의 공격에도 강하며 습기를 거의 흡수하지 않아요.〉 비 폴리에스테르 영 polyester

세로열쇠

❷ 땅속이나 바닷속에 묻혀 있는 천연 그대로의 석유. 〈배럴은 ○○의 부피를 나타낼 때 사용하는 단위예요.〉 한 原油/근원 원, 기름 유 영 crude oil

❺ 탄소, 수소, 질소 등을 가공하여 얻은 합성섬유. 〈○○○은 가볍고 탄력성이 좋으나 습기를 빨아들이는 힘이 약해요.〉 영 nylon

❼ 지구의 북쪽 끝. 〈남극과 ○○ 중 더 추운 곳은 어디일까요?〉 한 北極/북녘 북, 다다를 극 영 North Pole

낱말퍼즐놀이

'유니폼'은 팀마다 보통 두 가지가 있어서 홈경기와 원정 경기에 따라 달리 입어요.

 가로열쇠

❶ 전라북도 부안의 대표적인 명소. 천연기념물 제28호 〈○○○은 강이 아니라 층암 절벽과 바다를 총칭하는 이름이에요.〉 한 采石江/캘 채, 돌 석, 강 강

❸ 모래가 굳어져 만들어진 암석. 〈○○은 이암보다 단단하고 만지면 까칠까칠해요.〉 한 砂巖/모래 사, 바위 암 영 sandstone

❹ 자갈, 모래, 진흙 등이 쌓여 층을 이루고 있는 것. 〈채석강에 가면 시루떡처럼 보이는 ○○을 볼 수 있어요.〉 비 땅켜 한 地層/땅 지, 층 층 영 stratum

❻ 진흙이 굳어 이루어진 암석. 〈○○은 진흙으로 되어 있어 손톱으로 긁어도 잘 긁혀요.〉 비 진흙바위 한 泥巖/진흙 이, 바위 암 영 mudstone

❽ 지층이 휘어진 것. 〈물결 모양의 ○○은 할머니의 주름살을 닮았어요.〉 비 습벽 한 褶曲/주름 습, 굽을 곡 영 fold

 세로열쇠

❷ 퇴적물이 굳어져 만들어진 암석. 〈○○○에는 이암, 사암, 역암 등이 있어요.〉 비 침적암 한 堆積巖/쌓을 퇴, 쌓을 적, 바위 암 영 sedimentary rock

❺ 지층이 끊어져 어긋난 것. 〈○○ 활동이 잦으면 지진이나 화산이 자주 발생한대요.〉 한 斷層/끊을 단, 층 층 영 fault

❼ 자갈, 모래, 진흙 등이 굳어져 만들어진 암석. 〈○○의 '역'은 '조약돌 역'으로 조약돌이 퇴적된 바위라는 뜻이에요.〉 비 자갈돌 한 礫巖/조약돌 역, 바위 암 영 conglomerate

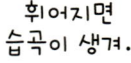

외부의 힘을 받아 지층이 끊어지면 단층이 생기고.

휘어지면 습곡이 생겨.

낱말퍼즐놀이

'단층'은 잡아당기거나 미는 힘에 의해 지각이 두 개의 조각으로 끊어져 어긋난 거예요.

곤충의 한살이에서 완전탈바꿈과 불완전탈바꿈은 어떤 차이가 있을까?

번데기를 거치면 완전탈바꿈, 애벌레에서 바로 성충이 되면 불완전탈바꿈이라고 해.

가로열쇠

❸ 물고기를 기르는 유리 항아리. 〈작은 ○○에 금붕어 세 마리가 헤엄치고 놀아요.〉 한 魚缸/물고기 어, 항아리 항 영 fishbowl

❹ 학문을 깊이 연구한 사람에게 주는 가장 높은 학위. 〈무엇이든지 물어보면 거침없이 대답하는 척척 ○○가 되고 싶어요.〉 한 博士/넓을 박, 선비 사 영 doctorate

❻ 사물에 관하여 아는 것. 〈책을 통해 간접 ○○을 쌓으면 삶의 지혜를 배울 수 있어요.〉 비 학식 한 知識/알 지, 알 식 영 knowledge

❽ 자연환경을 오염하지 않고 자연 그대로의 환경과 잘 어울리는 일. 〈리튬 전지는 오염 물질을 적게 배출하는 ○○○ 전기 자동차에 사용됩니다.〉 비 환경친화 영 eco-friendly

세로열쇠

❶ 애벌레 시절을 배추에서 나는, 날개가 흰 나비. 〈배추벌레는 ○○○○○의 애벌레예요.〉 비 흰나비 영 cabbage butterfly

❷ 바닷가의 모래땅이나 개펄에 사는 물고기. 〈숭어가 뛰니까 ○○○도 뛴다는 속담도 있어요.〉 비 망둥이 영 Gobiidae

❺ 가지고 있는 생각이나 뜻이 서로 통함. 〈엄마는 사춘기인 딸과 ○○○○하기가 정말 힘들대요.〉 비 커뮤니케이션 한 意思疏通/뜻 의, 생각 사, 소통할 소, 통할 통 영 communication

❼ 기본이 되는 표준. 〈길이를 재는 데 ○○이 되는 길이를 단위길이라고 해요.〉 비 표준 한 基準/근본 기, 준할 준 영 standard

낱말퍼즐놀이

'배추흰나비'는 완전탈바꿈을 하며, 배추, 무, 케일, 양배추 잎에 알을 낳아요.

> **규화목 [硅化木]**
> 나무가 땅속에 묻혀 있는 동안에 나무줄기 속으로 다른 물질이 스며들어 굳어져 화석이 된 것을 규화목이라고 합니다. 옛날에 살았던 식물을 연구하는 데 유용합니다.

가로열쇠

❶ 화산이 분출할 때 나오는 액체 물질. 〈화산이 폭발해 엄청난 양의 ○○과 화산재가 뿜어져 나오고 있어요.〉 한 鎔巖/쇠 녹일 용, 바위 암 영 lava

❹ 땅속에 묻힌 나무줄기 속으로 이산화규소가 스며들어 굳어져 화석이 된 것. 〈식물원에서 나무인지 돌인지 헷갈리게 하는 ○○○을 보았어요.〉 영 silicified wood

❼ 모방하여 만든 물건. 〈전국 어린이 ○○ 항공기 대회에 나가 입상을 했어요.〉 비 본보기 한 模型/본뜰 모, 모형 형 영 model

세로열쇠

❷ 부피가 매우 큰 돌. 〈화산과 마그마 활동으로 만들어진 ○○을 화성암이라고 해요.〉 비 바윗돌 한 巖石/바위 암, 돌 석 영 rock

❸ 옛날 유물을 모아 진열한 곳. 〈에밀레종이라 불리는 선덕대왕 신종은 경주 ○○○에 보관되어 있어요.〉 한 博物館/넓을 박, 물건 물, 집 관 영 museum

❺ 옛날에 살았던 동식물의 몸체나 흔적이 암석이나 지층 속에 남아 있는 것. 〈공룡 뼈뿐 아니라 새 발자국이나 나뭇잎도 ○○이 될 수 있어요.〉 한 化石/될 화, 돌 석 영 fossil

❻ 중생대 쥐라기와 백악기에 걸쳐 번성하였던 거대한 파충류. 〈티라노사우루스는 가장 무섭고 사나운 육식 ○○으로 알려졌어요.〉 한 恐龍/두려울 공, 용 룡 영 dinosaur

❽ 신생대 빙하기에 살았던 코끼리의 조상. 〈멸종된 ○○○는 퇴적암의 화석에서 볼 수 있어요.〉 영 mammoth

낱말퍼즐놀이

'매머드'는 긴 코와 4m나 되는 어금니를 가지고 있었대요.

❷ 나뭇가지처럼 생긴 바닷속의 동물. 〈아직도 ○○를 식물이라고 오해하는 사람이 많아요.〉 한 珊瑚/산호 산, 산호 호 영 coral

❺ 소나무에서 분비되는 끈적끈적한 액체. 〈○○은 반창고나 고약의 원료로 이용해요.〉 한 松津/소나무 송, 진액 진 영 resin

❻ 중생대에 번성하였으나 멸종된 나선형 모양의 조개. 〈○○○○○는 앵무조개와 비슷하게 생겼어요.〉 비 암몬조개 영 ammonite

❽ 생물의 한 종류가 아주 없어짐. 〈점점 줄어드는 동물을 ○○ 위기 종으로 지정하여 보호하고 있어요.〉 비 절종 한 滅種/멸할 멸, 씨 종 영 extinction

❶ 아주 작은 물체를 크게 볼 수 있게 만든 기구. 〈이끼벌레를 ○○○으로 관찰했어요.〉 한 顯微鏡/나타날 현, 작을 미, 거울 경 영 microscope

❸ 나무에서 흘러나온 송진이 땅속에서 오랜 시간이 지나 굳어져 된 화석. 〈먹는 호박이 아니라 보석 ○○이라니까요.〉 비 강주 한 琥珀/호박 호, 호박 박 영 amber

❹ 동물의 뼈나 조개껍데기가 쌓여 만들어진 암석. 〈○○○은 시멘트의 원료예요.〉 비 석회석 한 石灰巖/돌 석, 석회 회, 바위 암 영 limestone

❼ 뚜껑이 있는 둥글납작한 유리 접시. 〈○○○는 독일의 세균학자 이름을 따서 지은 거래요.〉 영 Petri

낱말퍼즐놀이

'암모나이트'의 후손이 오징어와 문어라는 걸 알고 있나요?

가로열쇠

④ 글쓴이가 나타내고자 하는 중심 생각. 〈4학년이 토론할만한 ○○ 좀 가르쳐 주세요.〉 비 논점 한 主題/주인 주, 제목 제 영 theme

⑤ 고고학을 연구하는 사람. 〈○○○○들은 이집트에서 고대 유적지를 발굴했어요.〉 한 考古學者/살필 고, 옛 고, 배울 학, 놈 자 영 archaeologist

⑧ 무엇을 설명하는 데 본보기가 될 사물. 〈이해가 잘 안 되니까 ○를 들어 설명해 봐.〉 비 사례 한 例/본보기 예 영 example

세로열쇠

① 여러 가지 법칙과 자연의 이치를 연구하는 학문. 〈'도덕—생활의 길잡이', '수학—수학 익힘', '○○—실험관찰' 책은 함께 가지고 다녀야 해.〉 비 자연과학 영 science

② 잘 알려지지 않은 사실이나 장소, 사물을 샅샅이 조사함. 〈화성에 무인 ○○ 로봇 '큐리오시티'를 보내 흙을 분석했어요.〉 비 탐험 한 探查/찾을 탐, 조사할 사 영 exploration

③ 우주 공간을 비행할 수 있도록 만든 물체. 〈100살이 되면 ○○○을 타고 화성으로 여행갈 수 있을까?〉 비 위성선 영 spaceship

⑥ 한 번 정한 대로 바꾸지 아니함. 〈조각은 움직이지 않는 것이라는 ○○ 관념을 처음으로 깬 사람은 콜더예요.〉 비 고착 영 fixation

⑦ 생물학을 연구하는 학자. 〈우장춘 박사는 씨 없는 수박을 개발한 ○○○○예요.〉 한 生物學者/날 생, 만물 물, 배울 학, 놈 자 영 biologist

낱말퍼즐놀이

세계 첫 유인 '우주선'은 1961년 4월에 쏘아 올린 보스토크호예요.

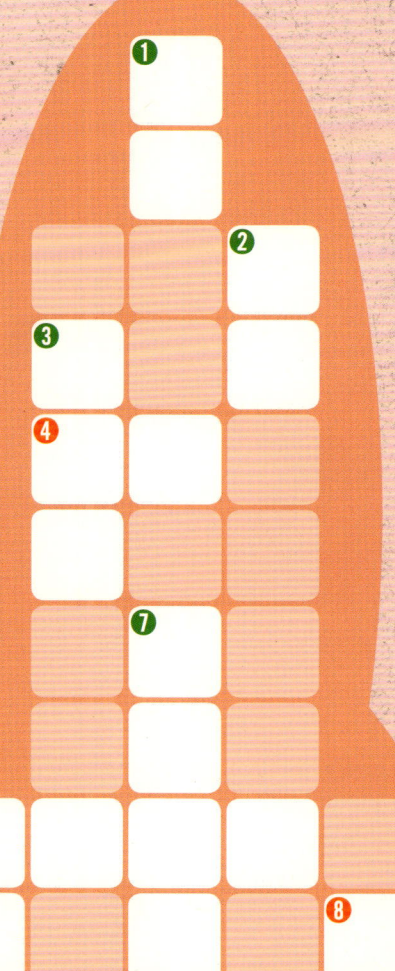

22단계 우주 실험 오디션에 응모했어!

이것 좀 봐. 우주 실험 오디션이 열린대!

> 우주 실험 아이디어에 응모하세요.
> 미튜브 우주 실험실은 평소 우주 공간에서 해보고 싶었던 실험 아이디어를 2분 안팎의 동영상으로 제작해 미튜브에 올려 심사와 투표로 '세계 우승자'를 가리는 일종의 '우주 실험 오디션'입니다.

아이디어가 최종 선정되면, 실제로 우주 정거장에서 실험하게 되고.

우승자는 러시아에서 우주 비행사 훈련을 받을 수 있대.

심사위원에 항공 우주 전문가와 한국인 최초 우주인 이소연 누나도 포함되어 있어.

그래. 도전해 보자!

아 자

그런데 어쩌지? 난 동영상 만들기엔 자신이 없는데….

그건 걱정하지 마. 우리 형이 그런 거 만드는 데는 도사거든.

다행히 시간은 아직 많이 남아 있잖아.

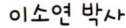

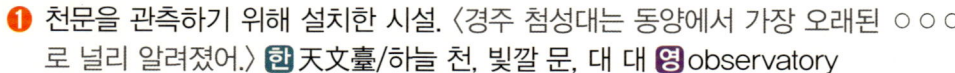

① 천문을 관측하기 위해 설치한 시설. 〈경주 첨성대는 동양에서 가장 오래된 ○○○로 널리 알려졌어.〉 한 天文臺/하늘 천, 빛깔 문, 대 대 영 observatory

③ 지구 이외의 행성에서 살고 있을지도 모를 지능이 높은 생명체. 〈어디 가면 외계에서 왔다는 ○○○을 만날 수 있을까?〉 비 외계인 영 alien

⑥ 해, 달, 별 등 우주에 존재하는 물체의 총칭. 〈○○망원경으로 밤하늘에 반짝이는 별을 관찰했어요.〉 비 성체 한 天體/하늘 천, 몸 체 영 celestial body

⑧ 필요한 자료들을 찾아내는 일. 〈자료 ○○을 하려면 컴퓨터를 이용하는 것이 편리해요.〉 비 검사 한 檢索/검사할 검, 찾을 색 영 search

② 그 일에 대하여 깊은 지식과 경험이 있는 사람. 〈형은 공부는 못해도 게임에 대해서는 ○○○라고 할 만큼 잘해요.〉 비 전문인 반 초보자 영 expert

④ 전 세계의 컴퓨터가 연결되어 서로 정보를 교환하는 거대한 컴퓨터 통신망. 〈○○○을 이용하면 지구 반대편에 있는 학교 도서관의 책도 찾아볼 수 있어.〉 영 internet

⑤ 사실이라고 가정하여 생각함. 〈천체 투영실에 가면 3D 입체 영상을 통해 ○○ 우주를 체험할 수 있어요.〉 비 어림생각 한 假想/거짓 가, 생각 상 영 imagination

⑦ 여러 개의 평면으로 둘러싸여 부피를 가지는 물체. 〈도형에는 평면도형과 ○○도형이 있어요.〉 한 立體/설 립, 몸 체 영 figure

낱말퍼즐놀이

'우주복'은 선외 우주복과 선내 우주복이 있어요. 선외 우주복은 작은 우주선이라 불린답니다.

23단계 화성과 금성이 싸우면 누가 이길까?

가로열쇠

❶ 태양 주변을 도는 별. 〈○○은 돌아다닌다고 하여 떠돌이별, 태양은 붙박여 있다고 하여 붙박이별이라 불러요.〉 비 유성 반 항성 한 行星/다닐 행, 별 성 영 planet

❸ 육지를 향해 밀려들어 오는 바닷물. 〈갯벌은 ○○과 썰물의 드나듦에 따라 바다가 되기도 하고 육지가 되기도 해요.〉 반 썰물 영 flood tide

❻ 사물의 내용을 자세히 살펴 알아봄. 〈배추흰나비를 기르는 데 필요한 것은 무엇이 있는지 ○○해 보세요.〉 비 관찰 한 調査/고를 조, 조사할 사 영 survey

❼ 스스로 빛을 내는 것. 〈태양은 스스로 빛을 내는 대표적인 ○○이에요.〉 비 광원체 한 光源/빛 광, 근원 원 영 light source

세로열쇠

❷ 태양계의 네 번째 행성. 〈○○은 표면이 붉은색이기 때문에 이러한 이름이 붙여졌어요.〉 비 형행성 한 火星/불 화, 별 성 영 Mars

❹ 바닷물이 빠져나가는 현상. 〈밀물과 ○○은 하루에 두 차례 일어나요.〉 반 밀물 영 ebb tide

❺ 빛이 물체의 표면에 부딪혀 나아가는 방향이 바뀌는 현상. 〈거울은 빛을 ○○하는 대표적인 물체예요.〉 비 되비침 한 反射/돌아올 반, 쏠 사 영 reflection

❽ 빛의 줄기. 〈레이저 ○○을 눈에 쏘이게 되면 시력을 잃을 수 있으니 항상 조심하세요.〉 비 광망 한 光線/빛 광, 줄 선 영 ray

밀물로 해수면이 가장 높은 때를 만조라 하고.

썰물로 해수면이 가장 낮은 때를 간조라고 해.

낱말퍼즐놀이

태양계 '행성' 중 가장 아름다운 토성의 고리는 얼음 조각들이 토성의 둘레를 돌고 있는 거예요.

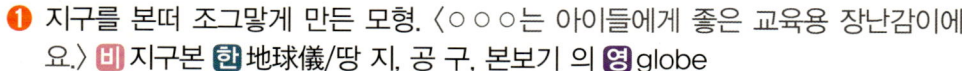

 **가로열쇠**

① 지구를 본떠 조그맣게 만든 모형. 〈○○○는 아이들에게 좋은 교육용 장난감이에요.〉 비 지구본 한 地球儀/땅 지, 공 구, 본보기 의 영 globe

④ 땅속에서 더운물이 솟는 곳. 〈온양은 조선시대 왕들이 즐겨 찾았던 ○○으로 유명한 곳이에요.〉 한 溫泉/따뜻할 온, 샘 천 영 hot spring

⑤ 땅속의 급격한 변화로 땅이 흔들리는 현상. 〈칠레에서 세계 최대 규모 9.5의 강력한 ○○이 발생했대요.〉 비 지동 한 地震/땅 지, 지진 진 영 earthquake

 **세로열쇠**

② 불그스름하고 윤이 나는 금속 원소. 〈청동은 ○○와 주석의 합금이에요.〉 비 구리쇠 영 copper

③ 몸의 온도. 〈사람의 정상 ○○은 36~37℃예요.〉 한 體溫/몸 체, 따뜻할 온 영 temperature

⑥ 지구에 떨어진 별똥. 〈운성은 별똥별, ○○은 별똥돌이라고 불러요.〉 비 천운석 한 隕石/떨어질 운, 돌 석 영 meteorite

⑦ 금붙이나 쇠붙이. 〈엑스선은 실이나 두꺼운 종이는 통과하지만 뼈나 ○○은 통과하지 못해요.〉 반 비금속 한 金屬/쇠 금, 무리 속 영 metal

⑧ 인간과 비슷하게 걷기도 하고 말도 하는 기계 장치. 〈게를 본떠 해저 탐사 ○○인 '크랩스터'를 만들었어요.〉 비 인조인간 영 robot

낱말퍼즐놀이

'로봇'은 겉모습이 사람과 비슷해서 인조인간이라고도 불러요.

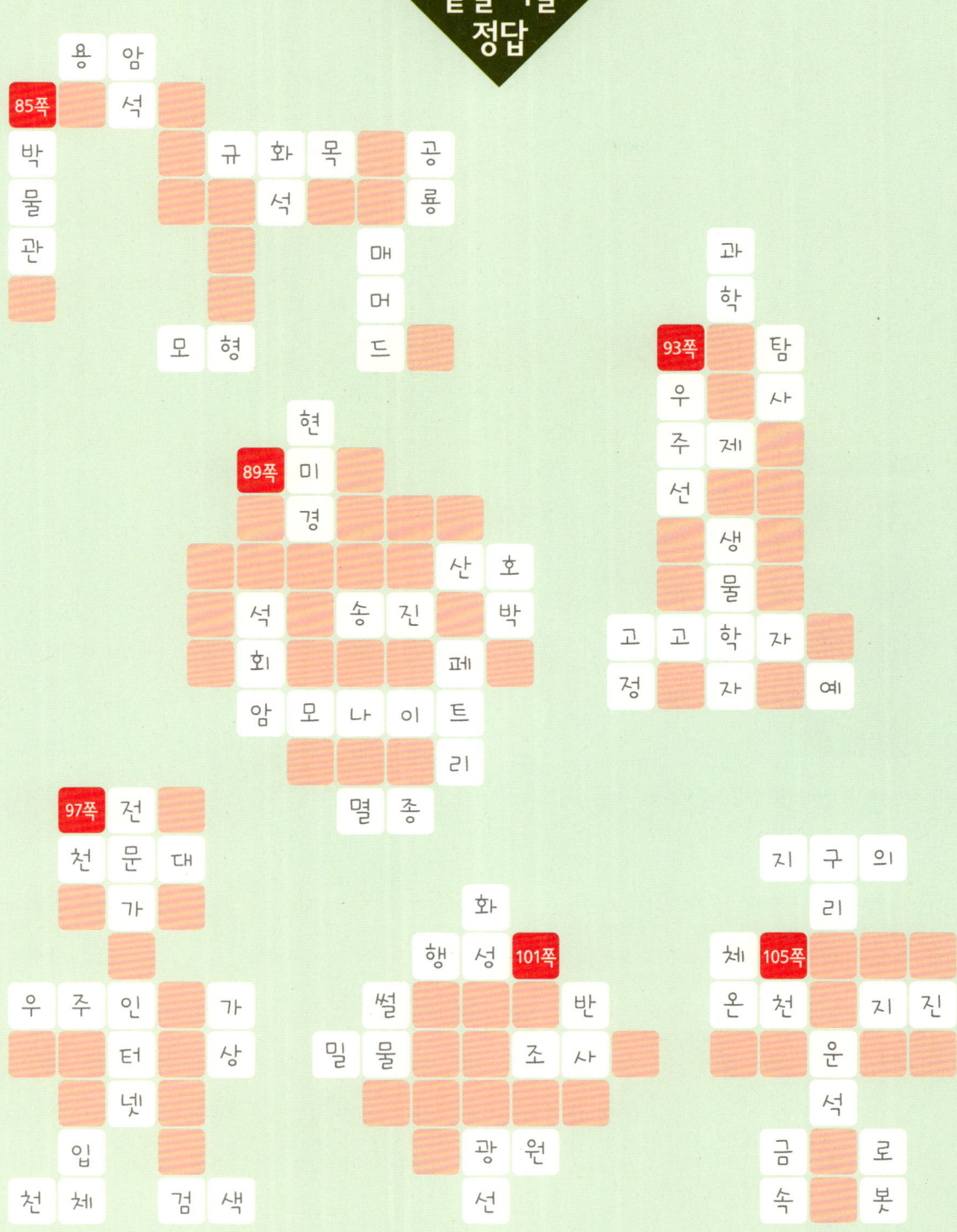

초판 발행 2016년 9월 26일 | **초판 인쇄** 2016년 9월 19일

글 정명숙 | **그림** 김준식

펴낸이 정태선
기획·편집 안경란·정애영 | **디자인** 한민혜
펴낸곳 파란정원(자매사 책먹는아이) | **출판등록** 제395-2010-000070호
주소 서울시 서대문구 모래내로 464 2층(홍제동) | **전화** 02-6925-1628 | **팩스** 02-723-1629
제조국 대한민국 | **사용연령** 8세 이상 어린이
홈페이지 www.bluegarden.kr | **전자우편** eatingbooks@naver.com
종이 세종페이퍼 | **인쇄** 조일문화인쇄사 | **제본** 경문제책사

글ⓒ정명숙 2016
ISBN 979-11-5868-086-2 73710

이 책은 저작권법에 따라 보호받는 저작물이므로 무단 전재와 무단 복제를 금지하며,
이 책 내용의 전부 또는 일부를 이용하려면 반드시 저작권자와 파란정원(자매사 책먹는아이)의 동의를 얻어야 합니다.
*잘못된 책은 구입하신 서점에서 바꿔 드립니다.